This
Family Research
Journal
Belongs To:

_____

_____

Table of Contents

My Father's Heritage

My Father's Family Tree

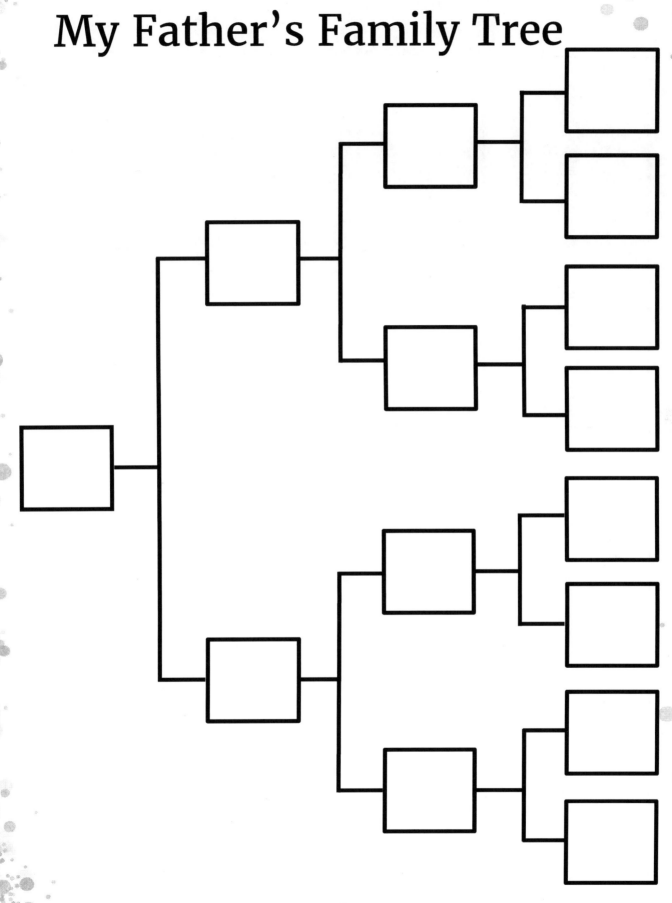

Census Data

Year	Name	Address	Age	Sex	Race	Occupation

Notes

My Father

	Date	Location
Birth		
Marriage		
Death		
Interment		

_____

_____

_____

_____

_____

_____

_____

_____

Important Events, Locations And Dates

_____   _____

_____   _____

_____   _____

_____   _____

_____   _____

_____   _____

_____   _____

_____   _____

_____   _____

Important Events, Locations And Dates

_____   _____

_____   _____

_____   _____

_____   _____

_____   _____

_____   _____

_____   _____

_____   _____

_____   _____

Family Traditions
and Stories

_____

_____

_____

_____

_____

_____

_____

_____

_____

_____

_____

Paternal Grandfather

	Date	Location
Birth		
Marriage		
Death		
Interment		

_____

_____

_____

_____

_____

_____

_____

_____

Important Events, Locations And Dates

_____   _____

_____   _____

_____   _____

_____   _____

_____   _____

_____   _____

_____   _____

_____   _____

_____   _____

_____   _____

Important Events, Locations And Dates

_____   _____

_____   _____

_____   _____

_____   _____

_____   _____

_____   _____

_____   _____

_____   _____

_____   _____

Paternal Grandmother

	Date	Location
Birth		
Marriage		
Death		
Interment		

_____

_____

_____

_____

_____

_____

_____

_____

Important Events And Dates

_____   _____

_____   _____

_____   _____

_____   _____

_____   _____

_____   _____

_____   _____

_____   _____

_____   _____

_____   _____

Important Events
And Dates

_____   _____

_____   _____

_____   _____

_____   _____

_____   _____

_____   _____

_____   _____

_____   _____

_____   _____

Paternal
Great–Grandfather

	Date	Location
Birth		
Marriage		
Death		
Interment		

_____

_____

_____

_____

_____

_____

_____

Important Events
And Dates

_____   _____

_____   _____

_____   _____

_____   _____

_____   _____

_____   _____

_____   _____

_____   _____

_____   _____

Important Events
And Dates

_____   _____

_____   _____

_____   _____

_____   _____

_____   _____

_____   _____

_____   _____

_____   _____

_____   _____

Paternal Great-Grandmother

	Date	Location
Birth		
Marriage		
Death		
Interment		

_____

_____

_____

_____

_____

_____

_____

_____

Important Events, Locations And Dates

_____   _____

_____   _____

_____   _____

_____   _____

_____   _____

_____   _____

_____   _____

_____   _____

_____   _____

_____   _____

Important Events, Locations And Dates

_____   _____

_____   _____

_____   _____

_____   _____

_____   _____

_____   _____

_____   _____

_____   _____

_____   _____

Paternal Great–Great–Grandfather

	Date	Location
Birth		
Marriage		
Death		
Interment		

_____

_____

_____

_____

_____

_____

_____

Important Events
And Dates

_____   _____

_____   _____

_____   _____

_____   _____

_____   _____

_____   _____

_____   _____

_____   _____

_____   _____

_____   _____

Important Events
And Dates

_____   _____

_____   _____

_____   _____

_____   _____

_____   _____

_____   _____

_____   _____

_____   _____

_____   _____

_____   _____

Paternal Great–Great–Grandmother

	Date	Location
Birth		
Marriage		
Death		
Interment		

_____

_____

_____

_____

_____

_____

_____

_____

Important Events, Locations And Dates

_____   _____

_____   _____

_____   _____

_____   _____

_____   _____

_____   _____

_____   _____

_____   _____

_____   _____

Important Events, Locations And Dates

_____   _____

_____   _____

_____   _____

_____   _____

_____   _____

_____   _____

_____   _____

_____   _____

_____   _____

My Father's Siblings

Family Group Sheet

Name   _____

	Date	Location
Birth		
Marriage		
Death		
Interment		
Spouse		

My Cousins

_____

_____

_____

_____

_____

_____

_____

Family Group Sheet

Name _____

	Date	Location
Birth		
Marriage		
Death		
Interment		
Spouse		

My Cousins

_____

_____

_____

_____

_____

_____

_____

Family Group Sheet

Name _____

	Date	Location
Birth		
Marriage		
Death		
Interment		
Spouse		

My Cousins

_____

_____

_____

_____

_____

_____

_____

Family Group Sheet

Name _____

	Date	Location
Birth		
Marriage		
Death		
Interment		
Spouse		

My Cousins

_____

_____

_____

_____

_____

_____

_____

_____

Family Group Sheet

Name _____

	Date	Location
Birth		
Marriage		
Death		
Interment		
Spouse		

My Cousins

_____

_____

_____

_____

_____

_____

_____

My Mother's Heritage

My Mother's Family Tree

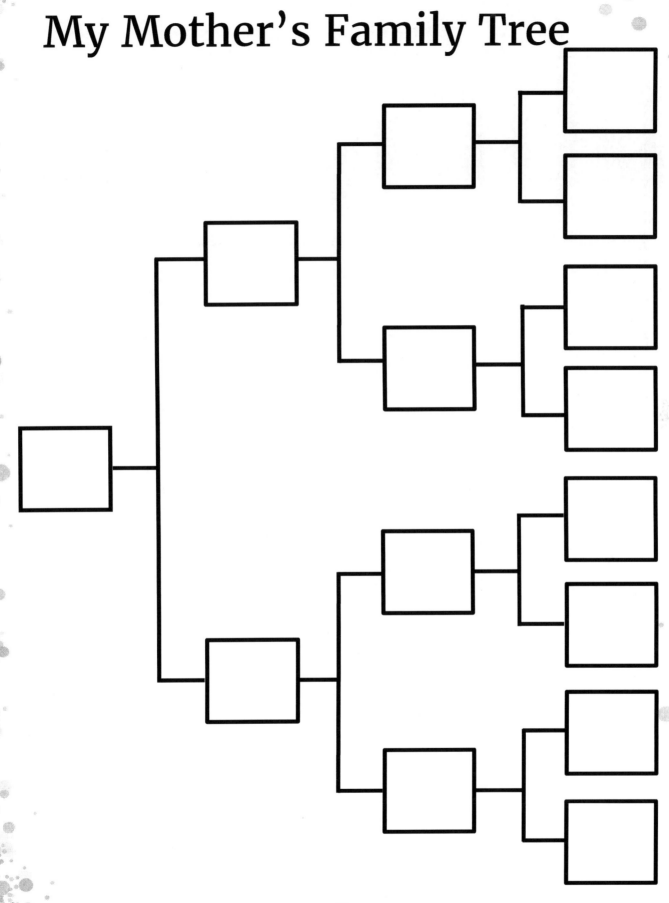

Census Data

Year	Name	Address	Age	Sex	Race	Occupation

Notes

My Mother

	Date	Location
Birth		
Marriage		
Death		
Interment		

_____

_____

_____

_____

_____

_____

_____

_____

Important Events, Locations And Dates

_____   _____

_____   _____

_____   _____

_____   _____

_____   _____

_____   _____

_____   _____

_____   _____

_____   _____

Important Events, Locations And Dates

_____   _____

_____   _____

_____   _____

_____   _____

_____   _____

_____   _____

_____   _____

_____   _____

_____   _____

Family Traditions and Stories

_____

_____

_____

_____

_____

_____

_____

_____

_____

_____

_____

_____

Maternal Grandfather

	Date	Location
Birth		
Marriage		
Death		
Interment		

_____

_____

_____

_____

_____

_____

_____

_____

Important Events, Locations And Dates

_____   _____

_____   _____

_____   _____

_____   _____

_____   _____

_____   _____

_____   _____

_____   _____

_____   _____

Important Events, Locations And Dates

_____   _____

_____   _____

_____   _____

_____   _____

_____   _____

_____   _____

_____   _____

_____   _____

_____   _____

Maternal Grandmother

	Date	Location
Birth		
Marriage		
Death		
Interment		

_____

_____

_____

_____

_____

_____

_____

_____

Important Events And Dates

_____   _____

_____   _____

_____   _____

_____   _____

_____   _____

_____   _____

_____   _____

_____   _____

_____   _____

_____   _____

Important Events And Dates

_____   _____

_____   _____

_____   _____

_____   _____

_____   _____

_____   _____

_____   _____

_____   _____

_____   _____

Maternal Great-Grandfather

	Date	Location
Birth		
Marriage		
Death		
Interment		

_____

_____

_____

_____

_____

_____

_____

Important Events
And Dates

_____   _____

_____   _____

_____   _____

_____   _____

_____   _____

_____   _____

_____   _____

_____   _____

_____   _____

_____   _____

Important Events
And Dates

Maternal Great-Grandmother

	Date	Location
Birth		
Marriage		
Death		
Interment		

_____

_____

_____

_____

_____

_____

_____

_____

Important Events, Locations And Dates

_____   _____

_____   _____

_____   _____

_____   _____

_____   _____

_____   _____

_____   _____

_____   _____

_____   _____

Important Events, Locations And Dates

_____   _____

_____   _____

_____   _____

_____   _____

_____   _____

_____   _____

_____   _____

_____   _____

_____   _____

Maternal Great–Great–Grandfather

	Date	Location
Birth		
Marriage		
Death		
Interment		

_____

_____

_____

_____

_____

_____

_____

Important Events
And Dates

Important Events
And Dates

_____   _____

_____   _____

_____   _____

_____   _____

_____   _____

_____   _____

_____   _____

_____   _____

_____   _____

Maternal Great–Great–Grandmother

	Date	Location
Birth		
Marriage		
Death		
Interment		

_____

_____

_____

_____

_____

_____

_____

Important Events, Locations And Dates

Important Events, Locations And Dates

_____   _____

_____   _____

_____   _____

_____   _____

_____   _____

_____   _____

_____   _____

_____   _____

_____   _____

My Mother's Siblings

Family Group Sheet

Name _____

	Date	Location
Birth		
Marriage		
Death		
Interment		
Spouse		

My Cousins

_____

_____

_____

_____

_____

_____

_____

Family Group Sheet

Name _____

	Date	**Location**
Birth		
Marriage		
Death		
Interment		
Spouse		

My Cousins

_____

_____

_____

_____

_____

_____

_____

Family Group Sheet

Name _____

	Date	Location
Birth		
Marriage		
Death		
Interment		
Spouse		

My Cousins

_____

_____

_____

_____

_____

_____

_____

Family Group Sheet

Name _____

	Date	Location
Birth		
Marriage		
Death		
Interment		
Spouse		

My Cousins

_____

_____

_____

_____

_____

_____

_____

Family Group Sheet

Name _____

	Date	Location
Birth		
Marriage		
Death		
Interment		
Spouse		

My Cousins

_____

_____

_____

_____

_____

_____

My Spouse & Children

My Spouse's Family Tree

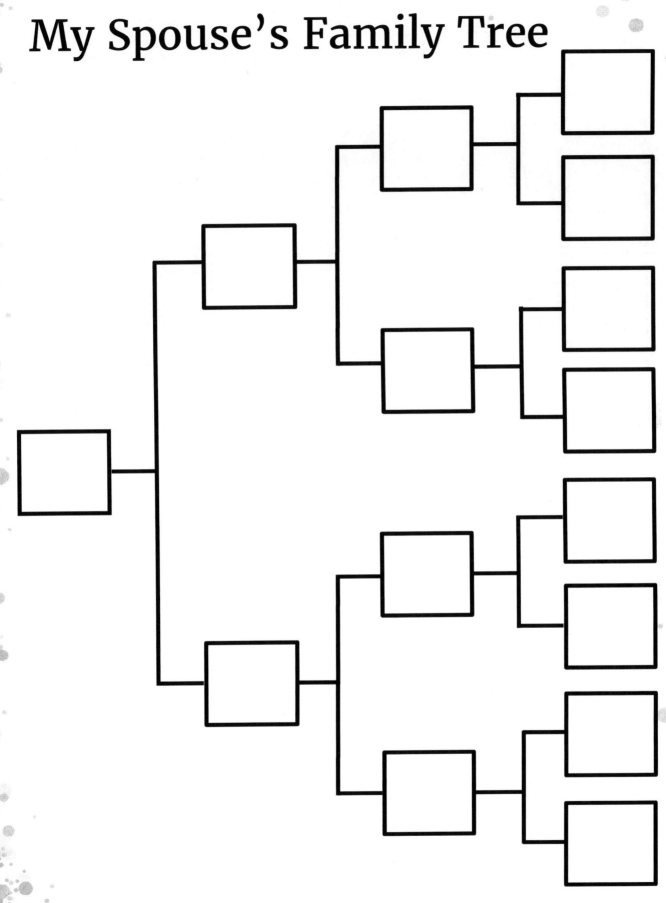

My Family Group Sheet

Husband _____

	Date	Location
Birth		
Marriage		
Death		
Interment		
Father		
Mother		

Wife _____

	Date	Location
Birth		
Marriage		
Death		
Interment		
Father		
Mother		

Child's Family Group Sheet

Name _____

	Date	Location
Birth		
Marriage		
Death		
Interment		
Spouse		

My Grandchildren

_____

_____

_____

_____

_____

_____

_____

Child's Family Group Sheet

Name _____

	Date	Location
Birth		
Marriage		
Death		
Interment		
Spouse		

My Grandchildren

_____

_____

_____

_____

_____

_____

_____

Child's Family Group Sheet

Name _____

	Date	Location
Birth		
Marriage		
Death		
Interment		
Spouse		

My Grandchildren

_____

_____

_____

_____

_____

_____

Child's Family Group Sheet

Name _____

	Date	Location
Birth		
Marriage		
Death		
Interment		
Spouse		

My Grandchildren

_____

_____

_____

_____

_____

_____

_____

Child's Family Group Sheet

Name _____

	Date	**Location**
Birth		
Marriage		
Death		
Interment		
Spouse		

My Grandchildren

_____

_____

_____

_____

_____

_____

Family Stories
And Traditions

_____

_____

_____

_____

_____

_____

_____

_____

_____

_____

_____

Notes

Important Events
And Dates

_____   _____

_____   _____

_____   _____

_____   _____

_____   _____

_____   _____

_____   _____

_____   _____

_____   _____

_____   _____

Important Events
And Dates

_____   _____

_____   _____

_____   _____

_____   _____

_____   _____

_____   _____

_____   _____

_____   _____

_____   _____

My Siblings

Family Group Sheet

Name _____

	Date	Location
Birth		
Marriage		
Death		
Interment		
Spouse		

Children

_____

_____

_____

_____

_____

_____

_____

Family Group Sheet

Name _____

	Date	Location
Birth		
Marriage		
Death		
Interment		
Spouse		

Children

_____

_____

_____

_____

_____

_____

_____

Family Group Sheet

Name _____

	Date	Location
Birth		
Marriage		
Death		
Interment		
Spouse		

Children

_____

_____

_____

_____

_____

_____

_____

Family Group Sheet

Name _____

	Date	Location
Birth		
Marriage		
Death		
Interment		
Spouse		

Children

_____

_____

_____

_____

_____

_____

_____

Family Group Sheet

Name _____

	Date	Location
Birth		
Marriage		
Death		
Interment		
Spouse		

Children

_____

_____

_____

_____

_____

_____

_____

Family Stories
And Traditions

_____

_____

_____

_____

_____

_____

_____

_____

_____

_____

_____

Notes

Important Events And Dates

_____   _____

_____   _____

_____   _____

_____   _____

_____   _____

_____   _____

_____   _____

_____   _____

_____   _____

_____   _____

Important Events
And Dates

_____   _____

_____   _____

_____   _____

_____   _____

_____   _____

_____   _____

_____   _____

_____   _____

_____   _____

Additional Forms

Family Trees

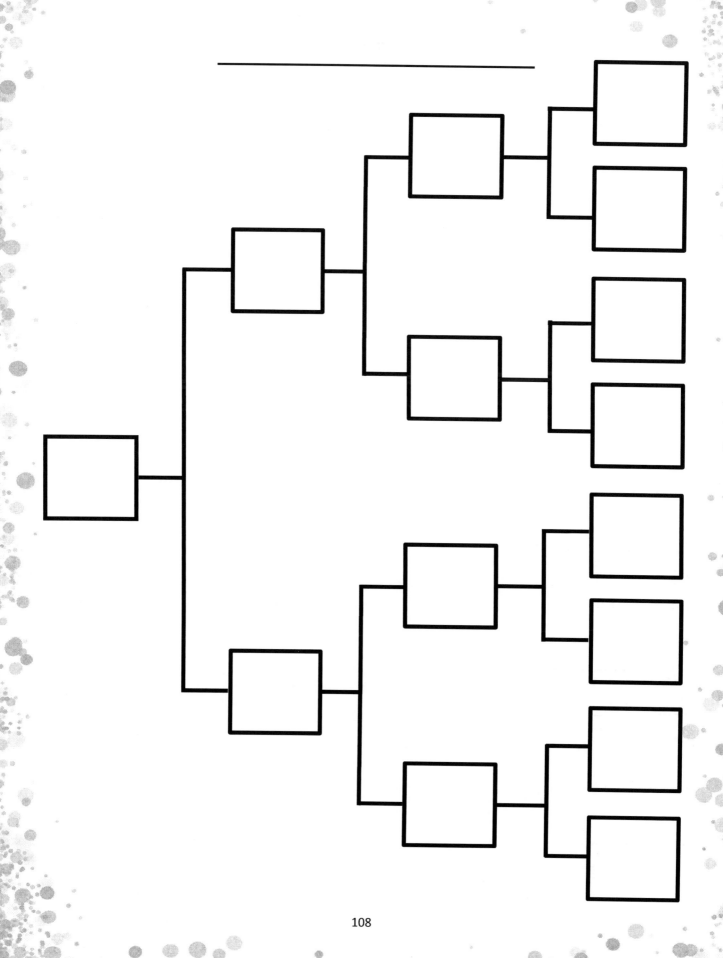

Notes

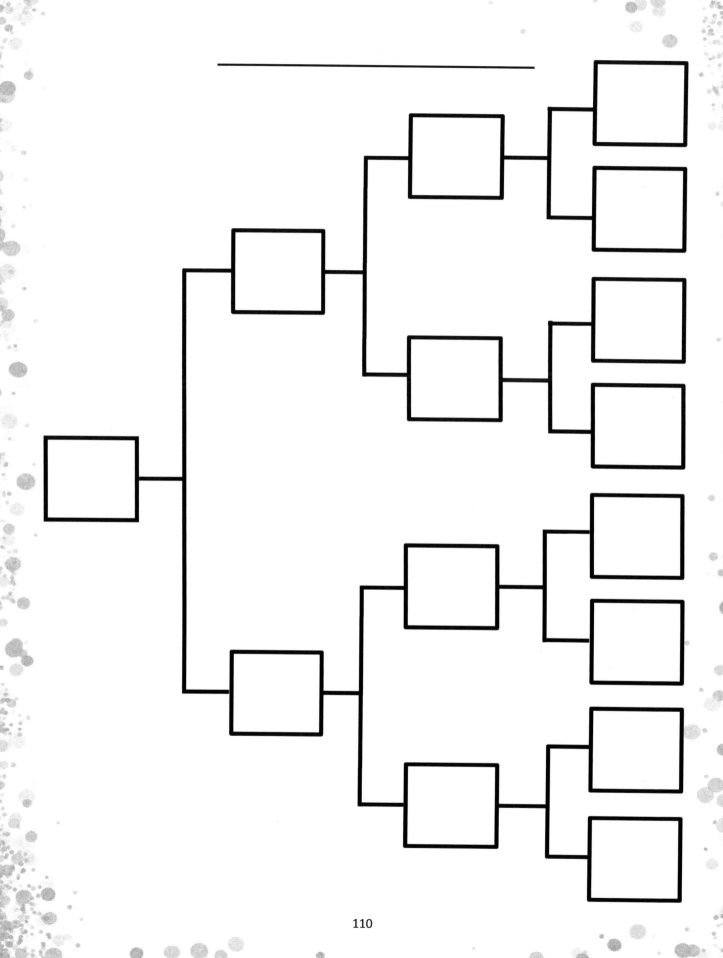

Notes

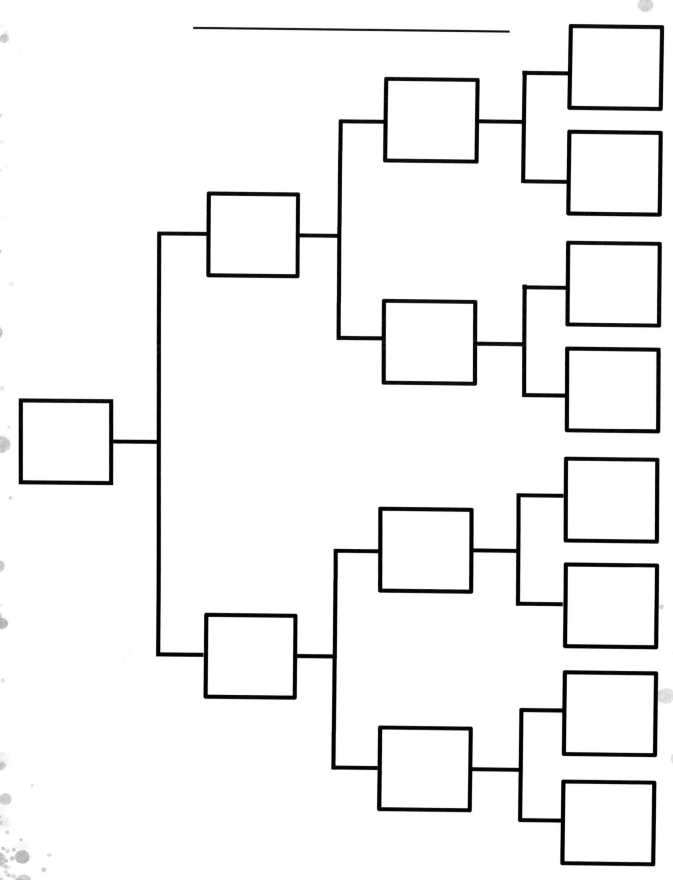

Notes

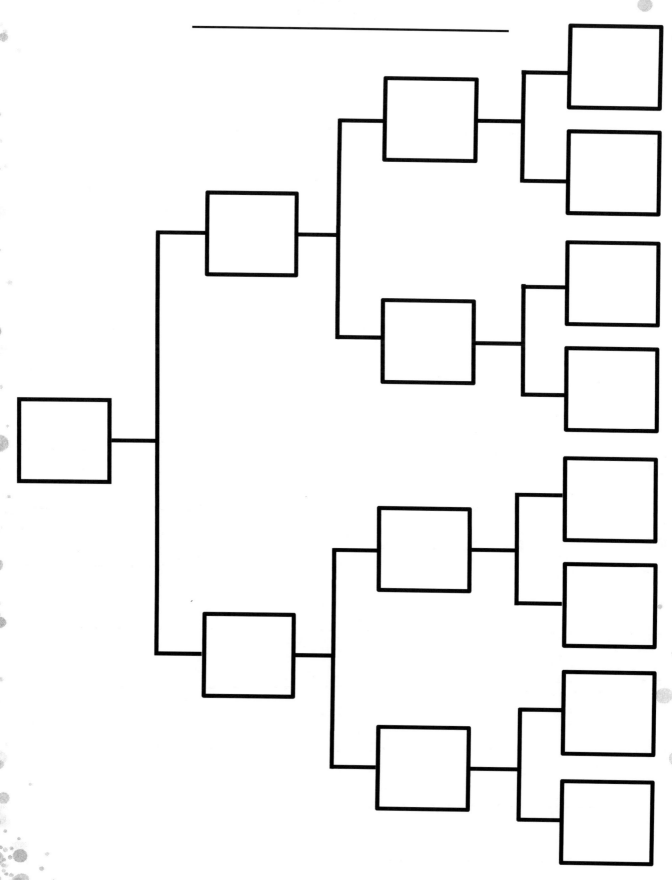

Notes

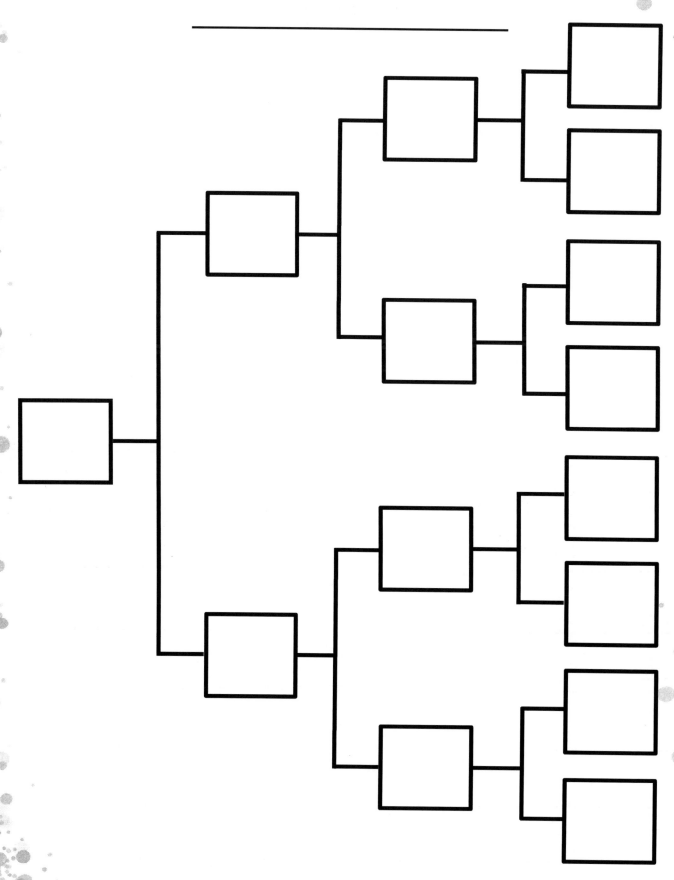

Notes

Family
Group
Sheets

My Family Group Sheet

Husband _____

	Date	Location
Birth		
Marriage		
Death		
Interment		
Father		
Mother		

Wife _____

	Date	Location
Birth		
Marriage		
Death		
Interment		
Father		
Mother		

Child's Family Group Sheet

Name _____

	Date	Location
Birth		
Marriage		
Death		
Interment		
Spouse		

My Grandchildren

_____

_____

_____

_____

_____

_____

_____

Child's Family Group Sheet

Name _____

	Date	Location
Birth		
Marriage		
Death		
Interment		
Spouse		

My Grandchildren

_____

_____

_____

_____

_____

_____

_____

Child's Family Group Sheet

Name _____

	Date	Location
Birth		
Marriage		
Death		
Interment		
Spouse		

My Grandchildren

_____

_____

_____

_____

_____

_____

_____

Child's Family Group Sheet

Name _____

	Date	Location
Birth		
Marriage		
Death		
Interment		
Spouse		

My Grandchildren

_____

_____

_____

_____

_____

_____

Child's Family Group Sheet

Name _____

	Date	Location
Birth		
Marriage		
Death		
Interment		
Spouse		

My Grandchildren

_____

_____

_____

_____

_____

_____

_____

Notes

Family Group Sheet

Name _____

	Date	Location
Birth		
Marriage		
Death		
Interment		
Spouse		

My Cousins

_____

_____

_____

_____

_____

_____

_____

Family Group Sheet

Name _____

	Date	Location
Birth		
Marriage		
Death		
Interment		
Spouse		

My Cousins

_____

_____

_____

_____

_____

_____

_____

Family Group Sheet

Name _____

	Date	Location
Birth		
Marriage		
Death		
Interment		
Spouse		

My Cousins

_____

_____

_____

_____

_____

_____

_____

Family Group Sheet

Name _____

	Date	Location
Birth		
Marriage		
Death		
Interment		
Spouse		

My Cousins

_____

_____

_____

_____

_____

_____

_____

Family Group Sheet

Name _____

	Date	Location
Birth		
Marriage		
Death		
Interment		
Spouse		

My Cousins

_____

_____

_____

_____

_____

_____

_____

Notes

Family Group Sheet

Name _____

	Date	Location
Birth		
Marriage		
Death		
Interment		
Spouse		

Children

_____

_____

_____

_____

_____

_____

_____

Family Group Sheet

Name _____

	Date	Location
Birth		
Marriage		
Death		
Interment		
Spouse		

Children

_____

_____

_____

_____

_____

_____

_____

Family Group Sheet

Name _____

	Date	Location
Birth		
Marriage		
Death		
Interment		
Spouse		

Children

_____

_____

_____

_____

_____

_____

_____

Family Group Sheet

Name _____

	Date	**Location**
Birth		
Marriage		
Death		
Interment		
Spouse		

Children

_____

_____

_____

_____

_____

_____

_____

Family Group Sheet

Name _____

	Date	**Location**
Birth		
Marriage		
Death		
Interment		
Spouse		

Children

_____

_____

_____

_____

_____

_____

_____

Notes

Census
Data

Census Data

Year	Name	Address	Age	Sex	Race	Occupation

Notes

Census Data

Year	Name	Address	Age	Sex	Race	Occupation

Notes

Census Data

Year	Name	Address	Age	Sex	Race	Occupation

Notes

Cemeteries

Cemeteries

Name: _____
Address: _____
_____
Telephone: _____

Name: _____
Address: _____
_____
Telephone: _____

Name: _____
Address: _____
_____
Telephone: _____

Cemeteries

Name: _____
Address: _____
_____
Telephone:_____

Name: _____
Address: _____
_____
Telephone:_____

Name: _____
Address: _____
_____
Telephone:_____

Cemeteries

Name: _____
Address: _____
_____
Telephone: _____

Name: _____
Address: _____
_____
Telephone: _____

Name: _____
Address: _____
_____
Telephone: _____

Cemeteries

Name: _____
Address: _____
_____
Telephone: _____

Name: _____
Address: _____
_____
Telephone: _____

Name: _____
Address: _____
_____
Telephone: _____

Cemeteries

Name: _____
Address: _____
_____
Telephone: _____

Name: _____
Address: _____
_____
Telephone: _____

Name: _____
Address: _____
_____
Telephone: _____

Health
Issues

Name   # Condition

_____   _____

_____   _____

_____   _____

_____   _____

_____   _____

_____   _____

_____   _____

_____   _____

_____   _____

_____   _____

_____   _____

Notes

Name

Condition

_____ _____

_____ _____

_____ _____

_____ _____

_____ _____

_____ _____

_____ _____

_____ _____

_____ _____

_____ _____

_____ _____

Notes

Name

Condition

_____ _____

_____ _____

_____ _____

_____ _____

_____ _____

_____ _____

_____ _____

_____ _____

_____ _____

_____ _____

_____ _____

Notes

Family Recipes

Name: _____

Ingredients

_____	_____
_____	_____
_____	_____
_____	_____

Directions

_____

_____

_____

_____

_____

Name: _____

Ingredients

_____ _____

_____ _____

_____ _____

_____ _____

Directions

_____

_____

_____

_____

_____

Name: _____

Ingredients

Directions

Name: _____

Ingredients

_____   _____

_____   _____

_____   _____

Directions

_____

_____

_____

_____

_____

Name:

Name: _____

Ingredients

_____ _____

_____ _____

_____ _____

_____ _____

Directions

_____

_____

_____

_____

_____

Name: _____

Ingredients

_____ _____

_____ _____

_____ _____

Directions

_____

_____

_____

_____

Name: _____

Name: _____

Ingredients

_____   _____

_____   _____

_____   _____

Directions

_____

_____

_____

_____

Name: _____

Ingredients

_____   _____

_____   _____

_____   _____

Directions

_____

_____

_____

_____

Name: _____

Ingredients

Directions

Name: _____

Ingredients

_____	_____
_____	_____
_____	_____

Directions

_____

_____

_____

_____

Notes

This journal is one of the many useful resources
created by the author to help you streamline and
enjoy your life. Check out the planners, log books
and guided prompts listed in Lynette Cullen's
Amazon author page.

Made in the USA
Las Vegas, NV
25 May 2021